imp. de Richebois ainé
Leclerc 1832
B.R

PROSPERT

(OUVRIER TAILLEUR)

DEVANT SES JUGES.

RELATION

DE TOUT CE QUI S'EST PASSÉ A LA COUR D'ASSISES DE PARIS
(DEUXIÈME SECTION) LE 21 NOVEMBRE 1832.

> C'est bien, très bien, lui dit son conseil;
> mais si vous lisez ceci vous serez con-
> damné. — Tant pis pour mes juges, répon-
> dit-il.

PARIS,

CHEZ ROUANNET, LIBRAIRE,

RUE VERDELET, N. 6.

PRÈS LA POSTE AUX LETTRES.

1832.

AVIS.

On trouve chez ROUANET, libraire, rue Verdelet, n. 6, près de la Grande Poste aux Lettres à Paris.

Procès des dix-neuf Patriotes.	2 fr.
Procès des vingt-deux accusés du cloître Saint-Méry, orné du portrait de Jeanne.	1 50
Procès des Quinze, publié par la Société des Amis du Peuple.	1 fr. 50 c.
Procès à l'Histoire ou à *la Tribune.*	25
Procès des Fusils Gisquet contre A. Marrast.	50
Programme de l'Hôtel de Ville, précédé de la *Conduite des Députés durant le règne du Peuple.*	75
Réponse à Barthélemy sur sa justification.	75
Petit Catéchisme républicain.	10
Prière du soir et du matin, Déclaration des Droits de l'Homme et du Citoyen.	10
Nouveau Catéchisme français, en 46 articles.	10
Nécessité d'une nouvelle organisation européenne.	25
Le Siége du Paradis, infernalico-diabolico-comique, par Becker.	1
Lettres de Louis Ledieu.	50

Le Retour en France des Cendres de Napoléon. *Vieux Fifre du Régiment.*	10	*La Marseillaise.* *Le Salut de l'Empire.*	10
L'Inutilité des Prêtres. *Hymne à la Raison.*	10	*L'Insurrection parisienne.*	10
La Versaillaise. *Le Chant du Départ.*	10	*La Parisienne.* *Les Trois Couleurs.*	10
La Bataille des Places. *L'Indemnité.*	10	*Le Bon Roi : Parodie.* *Le Bon Dieu.* *Le Vin et la Liberté.*	10
La Tricolore.	10		
Pourquoi je suis Républicain. *Le Bonnet de la Liberté.*	10	*La Varsovienne.* *Les Enfans de Paris.*	10

AVANT-PROPOS.

C'est un usage, il en faut un, et je l'avoue avec ma franchise ordinaire, je ne suis pas fâché de m'y conformer.

L'espèce de renommée que semble m'avoir acquise ma conduite au tribunal et à laquelle, je l'avoue encore, je ne m'attendais guère, me met dans la nécessité d'exposer ma conduite, et d'expliquer ma pensée. Cet avant-propos m'en fournit l'occasion.

Depuis long-temps on calomnie la classe ouvrière : selon les uns, elle se bat pour de l'argent; selon les autres, parce qu'elle est mal conseillée; et enfin, ceux qui se croient les plus justes à son égard, disent que c'est sans savoir pourquoi et pour le plaisir de se battre.

Les ouvriers manquent-ils d'ouvrage, et de pain par suite; crient-ils dans la rue? on leur dit de rester chez eux : moyen infaillible, comme chacun sait, de se remplir l'estomac; se révoltent-ils, on les traite de barbares, on les accuse pour ainsi dire d'avoir chacun un exemplaire de la loi agraire dans leurs poches et de vouloir commencer la guerre des pauvres contre les riches; et ces derniers de prendre la chose au sérieux, de revêtir l'uniforme et de courir sus à ceux qui n'en veulent pas le moins du monde à leurs propriétés.

Voilà, ou je me trompe fort, ce qui se passe sous nos yeux. Un grand nombre de personnes se sont élevées contre un tel état de choses, mais peu ou point de ces personnes ont vécu au milieu de la misère des classes pauvres; et pour bien connaître les besoins et les opinions des prolétaires, il faut vivre avec eux dans l'intimité, les suivre dans toutes les positions de la vie, il faut connaître leur désintéressement, leurs vertus, en un mot il faut être prolétaire comme eux.

Bien des savants ont parlé et écrit sur cette matière; beaucoup ont défendu la cause des opprimés; il restait à l'un deux de la défendre lui-même, et bien que sans autre éducation que le gros bons sens que m'a donné la nature, je n'ai pas craint d'entreprendre cette tâche; je n'ai point consulté mes forces, j'ai vu un devoir à remplir et je me suis mis à l'œuvre, et cela sans y être poussé ni aidé par personne, comme on l'a charitablement insinué depuis mon jugement. (Un avocat l'a même murmuré à l'audience.)

Qu'on sache, une fois pour toutes, que je ne suis pas homme à me faire le complaisant de qui que ce soit, et que le supposer c'est me faire une injure.

Il y a assez long-temps qu'on nous calomnie, j'ai cru qu'il était temps que l'un de nous s'élevât avec force pour flétrir ces vils calomniateurs à tant la page, espèces de harpies qui gâtent tout ce qu'ils touchent; et qui font plus de mal encore à ceux qui les paient qu'à ceux qu'ils insultent.

J'ai cru qu'il était temps que l'un de nous réclamât contre cet ilotisme, cette espèce de servitude pour laquelle nous ne sommes point nés plus que qui que ce soit : que je l'aie fait d'une manière dure, cela se peut, telle était d'ailleurs mon intention ; je ne sais point environner une vérité d'une foule de choses flatteuses ; et quand je viens dire qu'il faut aux prolétaires une plus forte portion de droits politiques, une condamnation qu'on m'inflige ne donne pas pour cela raison à mes adversaires ; et cette condamnation ne m'empêchera pas de leur répeter qu'il faut aux enfants du pauvre plus d'instruction, et qu'ils la lui doivent ; qu'il faut aux pères de familles plus de facilité pour élever leurs enfants, et qu'un gouvernement bien constitué peut la leur procurer; qu'ils faut aux vieillards pauvres et aux infirmes des refuges assurés, et qu'il est du devoir des riches d'en faire les frais, non pas à titre d'aumône, mais à titre d'obligation ; toutes les condamnations du monde ne m'empêcheraient pas de répéter ces choses ; je les crierai sur les toits, comme je les écris dans les cachots infects de la Conciergerie.

Je répondrai d'avance à ceux qui pourraient demander pourquoi j'ai fait imprimer mon procès, que ce n'est point moi; je n'en avais ni la pensée ni les moyens : je n'ai fait que céder aux vœux de mes camarades, qui m'ont manifesté le desir de voir ma défense entière imprimée. Un nombre assez considérable avait déjà souscrit, et et je n'ai pas cru devoir refuser.

Que si quelqu'un s'avisait de vouloir chicaner sur le mérite littéraire de mon discours et de cette espèce de préface, il ne me resterait qu'à lui demander humblement pardon de n'être pas aussi savant que lui.

À la Conciergerie, le 1er décembre, 1832.

PROSPERT.

COUR D'ASSISES DE LA SEINE.

PRÉSIDENCE DE CHALRET-DURIEUX.

Conseillers.

MM. Devergès, Duboissieux.

Jurés.

MM. Boisserie Lasserve, médecin, rue du faubourg St-Honoré, n. 14.
Darjère, avoué de première instance, quai des Augustins, n. 11.
Fourchy, notaire, quai Malaquais, n. 5.
Lasbarrières, marchand de vin, rue du Ponçeau, n. 49.
Leguey, avocat, rue de Chartres du Roule, n. 3.
Couturier, propriétaire, à Montreuil, rue du Milieu, n. 72.
Vincent, colonel en retraite, rue de Bondy, n. 70.
Forgeot, docteur ès-lettres, rue Sorbonne, n. 9.
Bailly, propriétaire, rue de la croix, n. 18.,
Laisné, propriétaire, rue du faubourg St-Martin, n. 218.
Dubourg, propriétaire, à Reuilly, commune de Bercy.
Freschot, propriétaire, rue Bas-Froid, n. 26.

A midi les accusés sont introduits. Le plus grand calme règne dans l'assemblée.

Prospert se fait remarquer par sa noble assurance.

M. Caron, son avocat, lui presse affectueusement la main, il lui parle à l'oreille. Prospert lui répond à demi-voix : Si, si, je le veux.... Au surplus nous verrons.

Le greffier donne lecture de l'acte d'accusation.

Le 5 juin, vers sept heures du soir, l'accusé Schaef fut arrêté au coin de la rue Tirechappe, porteur d'un fusil de munition. Ce fusil provenait, d'après l'accusation, du poste de la halle qui avait été forcé par les insurgés. Schaef se serait précipité sur le caporal du poste et l'aurait désarmé. Le même soir, vers huit heures, une troupe insurrectionnelle s'avançait par la rue des Lavandières, lorsque, apercevant un peloton de gardes nationaux, trois individus qui paraissaient la commander s'avancèrent pour parlementer. C'était les sieurs Prospert et Laporte, tous deux décorés de juillet, et un troisième chef d'insurgés portant l'uniforme d'officier de la garde nationale, qui est parvenu à s'évader. Prospert et Laporte avaient avec eux un fusil et des cartouches.

En conséquence, Jean Schaef, boulanger, âgé de vingt-huit ans, Victor Prospert, tailleur d'habits, âgé de trente-trois ans, et Marie Laporte, vermicellier, âgé de quarante ans, se trouvaient prévenus d'attentat ayant pour but de renverser l'autorité royale et d'exciter la guerre civile.

INTERROGATOIRE DE SCHAEF.

M. le président. Vous êtes accusé d'avoir pris part aux scènes de révolte du 5 juin, et d'avoir, étant avec une bande de révoltés, attaqué le poste de la halle au blé.

Schaef avec un accent allemand fortement prononcé, Monsié le président, ché foyais fenir une pante d'insurché qui tiré sur les carte municipaux, ché gouru fers le boste et ché grié aux soldats : rentez-fous, mes amis ! on feut pas fous faire te mal. En ce moment une palle il a passé brès te ma tête et a pléssé personne. Ché entré au boste, le caboral il m'a tonné son fusil ; ché dit aux insurché : ne faites pas te mal à eux, ils sont rentus. Ché été ché le marchand te fin ; les cartes municipaux ils sont fenus aussi ché le marchand de fin : ché leur ai offert un ferre de fin et ché me suis retiré.

M. le président. Que vouliez-vous faire de ce fusil ?

Schaef. Ché foulé rente au caboral, mais il m'a tit : Cardez-le buisque fous l'avez bris.

M. le président. Où alliez-vous quand on vous a arrêté ?

Schaef. Ché né sais bas, chétais un beu en ripotte. Chavé té- cheuné le matin afec un te mes camarates qui m'avait tonné te l'ar- gent gu'il me tevait. Ché l'afé guitté à teux heures et chetais engore en ripotte quand on m'a arrêté.

M. le président. Qui vous a arrêté ?

Schaef. La carte nationale afec un commissaire. Il fint me frap- per sur l'épaule et me temata si ehe foulais lui tonner mon fusil. Afec peaucoup te blaisir que ché lui dis. Il le brit et m'arrêta et me gonduisit en brison. En arrivant à la brévecture te bolice, et gant on endendit brononcer mon nom qui se brononce *chef* en vrançais, es moujards s'écrièrent : c'est en gef ; il vaut l'assommer, et ils me rappèrent t'une manière intigne.

INTERROGATOIRE DE PROSPERT.

M. le président. Expliquez votre conduite dans la journée u 5 juin.

Prospert (avec assurance). Le 5 juin, jour du convoi du géné- l Lamarque, fut une journée de provocations de la part de la police contre les patriotes : elles commencèrent dès la place de la Révolution, elles se renouvelèrent à la place Vendôme, où le poste de l'état-major refusa de rendre les honneurs militaires au général Lamarque. Première provocation que les cent et quelques mille hommes composant ce cortége, qui partageaient les opinions du général, et qui le regardaient, ainsi que moi, comme un des plus fermes représentans de la gloire nationale, durent prendre pour personnelle l'insulte faite à ses immortelles dépouilles.

A la porte Saint-Denis, nouvelle provocation. Des mouchards en uniforme viennent se mêler à nos rangs, narguer les décorés de juillet dont je faisais partie, nous traiter de canaille, de brigands, insulter notre bannière. Voilà bien des provocations ou je ne m'y connais pas (on rit).

M. le président. Dans une réunion de cent et quelques mille hommes, il faut, nécessairement, qu'il y ait des agens de police.

Prospert (avec force). Qu'ils y soient tant qu'ils voudront, mais loin, bien loin des honnêtes gens; qu'ils ne viennent pas les provoquer, les salir. Je viens à une troisième provocation, celle du pont d'Austerlitz. Là, je l'atteste sur l'honneur, Messieurs, j'ai vu les dragons faire feu et charger sur le peuple inoffensif. Le feu et les charges n'ont été précédés par aucune sommation. Les dragons ont fait feu les premiers, et celui qui, dans une précédente affaire, est venu ici affirmer le contraire, n'est qu'un impudent menteur, un faux témoin que les tribunaux auraient du poursuivre. Alors une indignation profonde et générale se manifeste de toutes parts; elle embrase mon cœur du besoin de la vengeance, et si dans ce moment j'avais eu un fusil, j'aurais tiré sur les dragons, sur quiconque aurait pris leur parti, quand c'eut été Louis-Philippe lui-même (mouvement dans l'auditoire).

M. le président. Continuez.

Prospert. Comme je vis les gardes nationaux partager ma colère, comme je les entendis crier qu'ils allaient courir aux armes, je me retirai convaincu qu'il allait s'ensuivre une lutte sanglante. Arrivé à la rue Montmartre, près celle du Cadran, je trouvai une réunion de ce que l'on appelle des insurgés et que je nomme patriotes. Ils viennent à moi en criant : « On nous assassine! vous êtes décoré de « juillet, restez avec nous. Un des nôtres vient d'être tué, prenez « son fusil et ses cartouches. » Je le pris ne voulant pas passer pour un mouchard ni pour un lache, ce qui est synonyme.

M. le président. Avez-vous tiré sur la troupe?

Prospert. Je n'ai, sur ce fait, que des souvenirs confus; l'exaltation qui me transportait m'empêche de me rappeler ce que j'ai fait. Si on a tiré sur moi, j'ai du tirer aussi.

M. le président. Dans quelles circonstances avez-vous été arrêté?

Prospert. Nous arrivions au coin de la rue des Lavandières ; nous voyons au bout de cette rue des gardes nationaux en observation. Faisons feu, dirent quelques-uns de nos camarades. Mes amis, leur dis-je, quand le moment fut venu, je ne crains pas plus qu'un autre de me battre, mais il ne faut pas tirer sur des hommes qui ne manifestent aucune intention d'hostilités. Voyant de l'hésitation, je m'offris d'aller en parlementaire. J'abordai les gardes nationaux ; l'un d'eux me prit au collet, l'autre me désarma : ils avaient eu soin de se retirer hors de la vue du détachement dont je faisais partie ; je leur fis observer que j'étais parlementaire, à quoi il me fut répondu : on ne parlemente pas avec des rebelles.

M. le président. Qu'avez-vous répondu?

Prospert. J'ai répondu qu'en ce moment, on ne pouvait dire de quel côté étaient les rebelles ; que, selon moi, c'était le gouvernement qui était rebelle contre le peuple, et que pour eux (pardon de l'expression), d'après leur conduite déloyale, ils n'étaient que des j.... f......

Alors on m'entraîna dans la mairie du 4e arrondissement où je vis un monsieur entortillé d'une écharpe et qui portait la croix de juillet, je ne sais pourquoi. Je crois que c'était M Cadet Gassicourt. Comment! s'écria-t-il, avez-vous pu vous battre contre le gouvernement que vous avez contribué à fonder? Je n'y pensais guère, lui répartis-je, quant aux trois jours j'ai versé mon sang, et si le 29 juillet j'avais entendu quelqu'un crier Vive le duc d'Orléans, je l'aurais fusillé sur-le-champ (mouvement). Vous vous y êtes soumis, cependant, reprit l'homme à l'écharpe. Je répondis : Je m'y suis soumis comme on se soumet a la force ; je m'y suis soumis comme tant d'autres pour éviter la guerre civile, bien qu'il ne me convînt pas.

D. Dans votre premier interrogatoire devant le commissaire de police, vous avez convenu avoir tiré sur la troupe.

Me Carron. (vivement). Dans celui que Prospert a subi devant le juge d'instruction il a démenti ces faits.

M. le président. Comment expliquez-vous cette contradiction?

Prospert. Quand je fus appelé devant le juge d'instruction, j'étais mourant : je m'évanouis dans son cabinet et je pense qu'il n'est pas étonnant que dans un pareil moment j'aie manqué de mon énergie ordinaire ; d'ailleurs, si je dois choisir entre les deux interrogatoires que j'ai subis, je m'en réfère au premier de préférence, comme étant plus vrai.

INTERROGATOIRE DE LAPORTE.

J'ai été arrêté, dit-il, en même temps que Prospert : comme lui je me rendais en parlementaire au poste des gardes nationaux. Un témoin a prétendu que j'avais un sabre de cavalerie, c'est une erreur, j'étais sans armes ; ce qui prouve la confiance qu'on doit avoir dans la déposition de ce témoin ; c'est qu'il avait d'abord déclaré Prospert comme étant l'homme qui avait un sabre : plus tard il s'est ravisé et a dit que c'était moi.

On passe à l'audition des témoins.

Péters, caporal de la garde municipale, déclare que Schaef lui enleva son fusil le 5 juin, qu'à la vérité il voulait le lui rendre, mais il pense que c'était par ironie qu'il le lui offrait. Il dit que Schaef entra le premier dans le poste qu'il commandait, que les insurgés criaient : *vive la république*, qu'ils brisèrent le buste de Louis-Philippe et proposèrent à ses hommes de se joindre à eux, ce qu'ils refusèrent.

Trois autres gardes municipaux sont encore entendus sur le compte de Schaef ; ils déposent des mêmes faits et déclarent qu'il leur a paru être en état d'ivresse.

Geoffroy, officier de la garde nationale, le même qui commandait le peloton qui a arrêté Schaef dépose ainsi qu'il suit : il était environ six heures lorsque nous le conduisîmes à la mairie du 4e arrondissement. Deux heures après environ, nous étions rue des Lavandières quand des insurgés se présentèrent ; trois d'entre eux s'avancèrent et nous les arrêtâmes. Interpellé par Prosper, le témoin convient ne l'avoir pas vu et dit qu'il peut se faire qu'il n'y eut que deux hommes, qu'il ne se rappelle pas bien. Il finit par déclarer aussi qu'il ne se rappelle pas à quelle heure il a conduit Schaef à la mairie.

Prospert. Messieurs les jurés ont sans doute remarqué que le témoin a d'abord dit que nous étions trois, puis il est convenu qu'il n'y avait que deux hommes ; il a d'abord déclaré que Schaef était le premier prisonnier qui eût été conduit à la mairie et il finit par dire qu'il n'en sait rien. Je pense que cette déposition sera réduite à sa juste valeur, c'est-à-dire à zéro.

Rousselet raconte la manière dont a été arrêté Prospert. J'étais, dit-il, au coin de la rue des Lavandières, je courais à la rencontre des révoltés et ce fut à ce moment que je heurtai, pour ainsi dire, contre Prospert que je saisis au collet et que je conduisis à la mairie.

Prospert. Les faits ne se sont point passés comme les raconte le témoin : il ne courait pas, mais il était au coin du renfoncement qui conduit à la mairie. Je m'avançai vers eux, ils se retirèrent de quelques pas, me saisirent au collet et me conduisirent à la mairie. Rousselet était avec le tambour ; un autre garde national était avec eux. Prospert fait observer au témoin qu'il est convenu devant le commissaire de l'avoir entendu dire à ceux avec qui il était : Ne tirez pas. Le témoin dit ne pas se le rappeler.

Prospert. Quand on m'eut conduit à la mairie, le témoin me fouilla en me traitant de chouan, de carliste, de brigand ; et quand il m'eut pris mes cartouches il dit au commissaire : « Monsieur, « donnez-moi ces cartouches, que je tue quelqu'un de ces brigands, etc. » Ce ne fut que sur mes réclamations et sur mon refus de signer mon interrogatoire si ces pièces à conviction étaient détournées, que les cartouches furent jointes à mon fusil.

Pierret, tambour de la garde nationale, fait à peu près la même déposition ; seulement il convient avoir entendu Prospert défendre aux siens de faire feu.

M. le président. Accusé, avez-vous quelque chose à répondre ?

Prospert (se levant). Je n'ai qu'à rendre hommage à la vérité de ce que dit le témoin. (En ce moment, Prospert s'apercevant qu'on empêche d'entrer plusieurs de ses camarades en fait l'observation au président).

M. le président. Je ferai observer à l'accusé que la police de l'audience m'appartient.

Prospert. Je le sais bien, monsieur ; aussi n'est-ce qu'une observation que je fais en passant, et à laquelle je pense que vous allez faire droit. (Le président donne des ordres pour qu'il soit fait droit à cette réclamation.)

Vuttepuin dépose que le 5 il a arrêté Laporte, qu'il était armé d'un sabre.

Prospert. Le témoin vient de dire qu'il reconnaissait Laporte pour l'avoir arrêté le 5, et devant le juge d'instruction il avait déclaré que c'était moi. Les témoins Rousselet et Pierret qui s'y trouvaient présens furent obligés de le détromper, aussi n'en est-il plus question. Pourquoi vient-il affirmer des faits dont il n'est pas certain ? c'est sans doute pour se donner de l'importance et faire croire qu'il y était pour quelque chose.

Plusieurs témoins, compatriotes de Schaef, viennent déposer en sa faveur. Leurs méprises et leurs réponses au président quand il s'agit de prêter serment excitent l'hilarité dans l'auditoire.

L'un d'eux, éprouvant de la difficulté à s'expliquer, Schaef impatienté se lève et dit : Monsié le président, ché vait fenir le démoin bour qui tise que c'est lui gui m'a tonné de l'archant gui me teyait, barce gue monsié le chuge d'instruction il tit à moi gue che me suis pattu barce gue on m'a bayé moi. Che suis bas rige, mais che suis incabable te recefoir te l'archant bour me battre. (Le témoin achève sa déposition.)

Guennebaud, chez qui travaillait Laporte au moment de son arrestation, atteste de sa bonne conduite et de sa moralité. « Je connais Laporte depuis long-temps, dit-il, et je l'ai toujours connu comme un honnête homme : »

M⁰ Bernard, avocat-général, soutient l'accusation ; il l'appuie contre Prospert sur sa réponse à M. Cadet-Gassicourt, à l'occasion du trône de juillet.. (Prospert l'interrompant): dites donc la royauté d'août , s'il vous plait.

Mᵉ Bernard (reprenant). D'août , soit. (Il continue).

Mᵉ Tillancourt présente la défense de Schaef. Après sa plaidoirie la parole est donnée à Mᵉ Carron , défenseur de Prospert.

En cet instant , Prospert se lève.

Plusieurs avocats lui adressent la parole, l'un d'eux lui dit à demi voix : « Ne dites rien , vos amis vous en prient ; ainsi que moi. « Les charges qui s'élèvent contre vous ne sont rien et l'avocat-gé- « néral n'est pas fort. » Prospert répond : Je ne suis là ni pour les avocats ni pour les camarades ; je veux parler , et si les juges me condamnent ils auront plus à rougir que moi. Sur quoi, s'adres- sant à l'avocat-général il lui demande si définitivement il entend requérir contre lui une peine quelconque ; et sur sa réponse affir- mative il commence un discours en ces termes :

Messieurs,

Elevé dès mon enfance à l'école du malheur , j'ai pris pour ha- bitude de m'accommoder de tout ; aussi quelle que soit l'issue de l'accusation pour laquelle je comparais devant vous , elle ne m'ef- fraiera pas.

Sans autre éducation que quelques mois d'école, qu'encore je dois à la charité publique , j'aurais dû, j'en conviens, m'abstenir de prendre la parole ; il ne me sied guère à moi ; sujet du roi ci- toyen , misérable prolétaire, barbare et je ne sais encore quoi, d'é- lever la voix dans cette enceinte.

N'est-ce pas en effet un sacrilége de notre part , à nous , hommes du peuple, de nous mettre en opposition avec les gens du roi ; il semble au train qu'on nous mène qu'on voudrait nous accoutumer à bénir la main qui nous frappe ; et quand nous nous mêlons de politique, et surtout d'opposition , nous sommes certainement di- gnes de toute votre colère.

Depuis long-temps on nous accuse ; et puisqu'un ministre a eu l'impudence de dire que, même dans la révolution de juillet, nos bras avaient agi sans la participation de notre pensée ; puisqu'il lui a plu de nous ravaler ainsi à la condition des brutes qui vont ex- poser leur vie sans savoir pourquoi, nous allons cette fois-ci for- muler cette pensée d'une manière si claire qu'on ne pourra plus s'y tromper.

Depuis assez long-temps on nous accuse de vouloir renouveler l'époque sanglante de 93 ; le désir de piller est, à entendre de cer- taines gens, le mobile de notre politique ; selon eux, nous sommes à la disposition du premier venu qui nous paie, et ceux-là qui di- sent que nous sommes prêts à servir tous les partis pour de l'argent, ceux là , dis-je, sont vendus.

Pour mon compte, je le déclare, il n'y a point en France de

parti assez riche pour m'acheter; mes camarades pensent comme
moi à cet égard, aussi pour de l'argent ils ne bougeront jamais;
mais quand leurs convinctions politiques leur diront de prendre les
armes, il les prendront; advienne que pourra.

La république, à entendre les partisans du juste-milieu, c'est la
potence en permanence, le maximum, les proscriptions, et une
foule de choses semblables dont nous voudrions gratifier de nouveau nos concitoyens, ils ne tiennent aucun compte des menées
infames des aristocrates d'alors. Leurs efforts pour ameuter l'Europe contre la France, leur émigration, bagatelle! les intrigues
des d'Orléans qui déjà convoitaient la couronne, tout celaest
compté pour rien, et ceux-là seuls sont coupables, qui firent avor-
ter ces criminels desseins. Quand il serait vrai que tous les crimes
de 93 eussent été commis pour le plaisir de faire du mal, il ne
s'ensuivrait pas pour cela qu'il fallût renoncer à la république
comme à une chose mauvaise; car ce ne serait encore qu'un diminu-
tif des saletés contenues dans l'histoire de la monarchie.

A cet endroit, M. le président interrompt l'accusé.

Prospert au président. Depuis long-temps on accuse les ouvriers
de ne se battre que pour piller; il est temps qu'on se désabuse sur
ce point et qu'on sache quelles sont les pensées des prolétaires; d'ailleurs je pense, et vous pensez comme moi, que le gouvernement est
assez fort pour ne pas craindre les paroles d'un ouvrier, d'un prolétaire.

Prospert continue ainsi : -

Je laisse de côté l'histoire ancienne, je passe sous silence les
massacres de la Saint-Barthélemy, le massacre des Cevennes, la
révocation de l'édit de Nantes et autres gentillesses des rois de
France, et je commence par cet appel fait à l'étranger par le roi
soi-disant martyr, pour l'aider à détruire une constitution qu'il
avait juré d'observer; et pour nous rapprocher davantage des
temps où nous vivons, les exploits sanguinaires des cours prévô-
tales de 1816, crées en violation des serments les plus solennels.
Cette charte, dont on faisait grand bruit alors comme aujourd'hui,
défendait la création de tribunaux extraordinaires; et alors, comme
aujourd'hui encore, on forma des commissions chargées de faire
tomber des têtes; elles s'acquittèrent dignement de leur mission,
elles se gorgèrent de sang, et plus tard chacun des membres qui
les composaient vint réclamer au pouvoir le prix de son infamie.

Si dans tout cela vous trouvez des sujets d'éloges pour la monarchie, merci! vous n'êtes pas difficiles; ce qu'il y a de certain,
c'est que le peuple ne pensait pas ainsi lorsqu'il se leva en masse
pour s'en défaire.

Généreux après la victoire, le peuple tendit la main à ses ennemis; il ne les promena point en triomphe par les rues de Paris

en poussant des cris de rage ; non seulement il ne les assomma point en les conduisant dans les cachots, mais il leur laissa la liberté à tous.

Pour me résumer sur ce chapitre, je dis, le peuple après sa victoire ne demanda point de sang, c'est qu'il n'y a que les lâches qui soient cruels.

Trop confiant dans les promesses de ceux qui s'étaient emparés de la révolution, le peuple attendait avec impatience qu'on vînt réclamer l'appui de son bras, pour laver la France des affronts de 1814 et 1815, et secourir les peuples qui, à notre exemple, avaient secoué le joug des despotes ; il était prêt à payer l'écot de sang qu'il eût fallu verser dans une guerre qu'il croyait nécessaire et surtout inévitable ; mais peut-être ignoraient-ils alors que cette guerre pouvant devenir générrle détrônerait cet infame Ferdinand d'Espagne, roi parjure s'il en fut jamais ; de même que ce roi de Naples, qui après la révolution de juillet, demandait à son père le commandement de son armée pour venir châtier les parisiens. Ce qu'il ignorait peut-être encore, c'est que le premier de ces deux rois est le neveu par alliance et le second, le neveu propre de la reine des Français.

Une guerre générale eût aussi enlevé la puissance temporelle du pape, y pouvait-on consentir, non, mille fois non, puisqu'on s'apprêtait à lui envoyer un régiment français pour lui servir de gendarmes.

A cet endroit, Prospert est encore interrompu, le greffier prend note de ces dernières paroles, ce qui ne l'empêche pas de continuer.

Le gouvernement a fait déclarer par un de ses journaux qu'il de connaissait point de peuples ; il aurait pu s'éviter cette peine ; car pour ceux qui le connaissent bien il y a longtemps qu'il est clair qu'il a sacrifié, l'honneur, l'intérêt et la dignité de la France à des intérêts de famille.

M. le président. La loi me charge d'écarter des débats tout ce qui est inutile à la manifestation de la vérité.

Prospert. Je suis ici pour une affaire politique, une condamnation peut m'arriver, j'ai le droit d'exprimer mes idées, et d'exposer mes principes.

Un juré. Non.

Prospert continue à lire son discours :

Si un gouvernement franchement populaire eût fait un appel au peuple il se fût levé en masse, non pour le plaisir de faire la guerre comme le croient certaines gens, mais parce qu'il a la conviction que la liberté de l'Europe dépend d'une lutte qui nous amènera enfin la paix ; non pas cette paix dont nous rougissons, qui n'apporte avec elle qu'anarchie et misère, mais bien celle, qui établissant des rapports faciles de peuples à peuples, doit donner un nouvel élan au commerce et à l'industrie. Voilà, messieurs, la seule direction qu'il convenait de donner à la révolution de juillet. Si elle ne devait point attaquer sans raison ceux qu'elle supposait ses ennemis, elle devait au moins soutenir ouvertement les peuples qui, après s'être affranchis, s'offraient à elle comme alliés.

En se conduisant ainsi, le gouvernement n'eût point mis contre lui tous les hommes de cœur, et il n'aurait point aujourd'hui à nous juger. Le peuple est toujours prêt à prodiguer son sang pour la défense de la patrie, aussi s'indigne-t-il contre ceux qui sacrifient son honneur; et quel gouvernement, je vous le demande, commit plus de lâchetés que celui qui nous régit? L'insulte du duc de Modène, la réponse insolente de l'empereur de Russie, la Belgique placée sous l'influence anglaise, le sytème de non-intervention lâchement abandonné, les patriotes Italiens livrés à leurs bourreaux, la Pologne perdue, et devenue une province Russe, bien qu'on ait déclaré que sa nationalité ne périrait pas..... Je m'arrête, Messieurs, en voilà plus que suffisamment pour vous convaincre que la qualification de lâche lui est applicable dans toute son étendue.

On pleurait de joie en recevant l'adresse de la chambre des députés, adresse dont le but principal était de sauver les ministres, et on vient aujourd'hui vous demander nos têtes. Trahison!

Les chouans se révoltent, appellent l'étranger, égorgent leurs concitoyens, et reçoivent des saufs-conduits. Trahison!

On avait promis, on avait juré d'observer la charte et on l'a suspendue, elle défend la création de tribunaux extraordinaires, et on a établi des conseils de guerre. Trahison!

On aide tous les despotes de l'Europe à étouffer la liberté partout où elle se présente. Trahison!

On laisse insulter la France par l'étranger; mais en revanche on fait pleuvoir les croix sur chaque régiment qui sabre ou fusille ses concitoyens. Trahison!

On organise une bande de mouchards dans la garde nationale, chargée de tirer sur le peuple pour engager la troupe à en faire autant. Les exploits de Vidocq et de sa bande sont là pour attester la véracité de ce que j'avance.

Voila, Messieurs, une partie des griefs sur lesquels nous fondons notre antipathie pour le gouvernement, joignez-y la misère où son système a réduit le peuple; et puis, la main sur la conscience, chantez ses louanges si vous l'osez.

Que, par un devoir mal compris, l'armée se rende complice d'un pareil système, tant pis pour elle, elle était digne de quelque chose de mieux.

Qu'une partie de la garde nationale, qui criait tout aussi bien vivent les Russes que vive Philippe, se fasse l'auxiliaire des ministres et de la police, cela ne m'étonne pas, il est si beau d'obtenir la croix pour avoir (à dix) assommé un républicain sans armes. Cette pauvre garde nationale, elle n'a pas sitôt sauvé le trône, que celui qui l'occupe suspend, abolit, pour ainsi dire, cette précieuse charte, dont la garde lui est confiée ; qu'on la remette en vigueur quand on pourra, ce n'est pas ce qui l'occupe, les républicains sont enfoncés, son but est atteint : on en va conduire quelques-uns à l'échafaud. Vive le roi, la France est sauvée ! (Mouvement).

Je crois, Messieurs, vous avoir suffisamment expliqué les motifs pour lesquels je ne suis point partisan du gouvernement actuel ; maintenant, je vous dois, je me dois à moi-même de vous dire ce que nous, hommes du peuple, nous croyons fait pour nous rendre plus heureux, et qui s'accorde beaucoup mieux avec la raison, que votre monarchie constitutionnelle avec son inviolabilité royale et son droit de successibilité au trône.

A qui fera-t-on accroire, sinon à des intéressés, qu'il vaut mieux transmettre le droit de gouverner au fils, par cela seul qu'il est le fils de son père, qu'à celui que la majorité de la nation aura choisi?

La raison s'indigne à l'idée qn'un homme qui peut naître imbécile, et devenir par la suite avare, lâche et cruel, n'en doit pas moins régner pour cela.

Depuis long-temps on nous dit, puisque ce qui existe ne vous convient pas, dites-nous donc, une fois pour toutes, ce que vous voulez. Eh bien, Messieurs, je vais vous le dire, et quoique je me fasse ici le représentant de la classe ouvrière sans en avoir reçu le mandat, j'ose affirmer pourtant qu'elle ne me démentira pas ; j'appartiens à cette classe ; je connais ses besoins ; je suis à même tous les jours de l'entendre exprimer ses idées politiques ; en un mot, je sais qu'elle est lasse de l'état d'ilotisme dans lequel elle gémit. Et puisqu'on est curieux de savoir ce que nous prolétaires nous voulons, le voici :

Ce que nous voulons d'abord, c'est qu'un homme, quel que soit d'ailleurs le titre qu'on lui donne, ne puisse plus, avec son droit de paix et de guerre, enchaîner les bras d'un grand peuple, et le déshonorer aux yeux de l'univers.

Ce que nous voulons, c'est la suppression d'une liste civile, dont la plus grande partie sert à acheter des consciences, et à payer des mouchards

M. le président. On ne vous demande pas ce que vous voulez.

Prospert. Mais moi je veux le dire.

M. le président. Je ne doute pas que dans votre atelier de tailleur, et tout en exerçant votre état, vous n'ayez d'excellentes idées en politique; mais ce n'est pas ici le lieu...

Prospert. J'ai le droit de dire tout ce que je veux.

Me BERNARD, attendu qu'il résulte des déclarations de l'accusé, que le discours qu'il prononce est en dehors de la cause, nous requérons qu'il plaise à la cour de lui interdire la parole.

Me *Caron*, défenseur de Prospert. Sans m'expliquer sur le discours de Prospert, je ne vois dans la réquisition du ministère public qu'une entrave apportée à la défense, et je pense qu'il ne peut entrer dans les pouvoirs de la cour d'ôter la parole à un accusé sans violer le plus imprescritible des droits.

La cour se lève pour délibérer; elle rend un arrêt conforme au réquisitoire du ministère public, mais par lequel il est enjoint à Prospert de rentrer dans la cause et de ne plus s'en écarter.

Prospert. Je commence par prostester de toutes mes forces contre l'arrêt que vous venez de rendre. Dans l'intérêt de la défense il a été permis aux ministres de Charles X d'argumenter de la légalité de leurs assassinats. (Mouvement).

M. le président Greffier, constatez.

Prospert Il n'y a rien là à constater. Un pair France à la tribune a traité Louis-Philippe de fils de régicide, et aucune réclamation ne s'est élevée; moi je ne suis qu'un pauvre diable, j'entends jouir de la défense; parce que je suis un ouvrier on ne doit pas m'imposer silence.

Prospert passe quelques fragmens de son discours et recommence en ces termes :

Ce que nous voulons, c'est l'égalité devant la loi, non pas cette égalité qui veut qu'on s'adresse à un tribunal ou au conseil-d'état pour obtenir l'autorisation de poursuivre un fonctionnaire qui, à l'aide de l'autorité dont il est revêtu, commet des actions coupables. En un mot, ce que nous voulons, ce sont des fonctionnaires responsables et justiciables des tribunaux ordinaires, comme tous les autres citoyens.

Ce que nous voulons, c'est la liberté individuelle, mais non pas subordonnée au caprice d'un procureur du roi, d'un commissaire de police, voire même d'un agent de police.

Ce que nous voulons, c'est une police à meilleure marché et n'assassinant pas les citoyens sur la voie publique.

Ce que nous voulons, ce sont des droits politiques pour tous les Français majeurs jouissant de leurs droits, et payant un impôt quelconque, ne fût-ce que de trois francs par an.

Ce que nous voulons, c'est la suppression des emplois inutiles et la diminution de ceux qui sont trop largement rétribués.

Ce que nous voulons, c'est la suppression des impôts indirects, c'est-à-dire l'abolition des droits sur le vin, sur le sel, sur le tabac, et sur les denrées de toutes espèces qui servent à la nourriture des classes pauvres.

Oui, Messieurs, dussions-nous passer pour des anarchistes, nous n'en voulons pas moins qu'on fasse payer l'impôt à ceux qui possèdent les propriétés; et non qu'on arrache le pain de la bouche des malheureux, pour remplir les coffres de l'état.

Ce que nous voulons encore, c'est une augmentation sur les droits de succession, dont une partie (la moitié, si vous voulez) devra former un fonds de réserve dans chaque département et servir à l'entretien des écoles primaires, à soulager les classes pauvres dans les momens critiques en leur donnant, non pas l'aumône, mais de l'ouvrage, et enfin, à l'agrandissement des maisons destinées aux infirmes et aux vieillards, car en vérité, messieurs, à quelque parti qu'on appartienne, on ne saurait trouver bon qu'on laisse des malheureux jusqu'à l'âge de 70 ans dans la plus affreuse misère. Encore une fois, messieurs, cet excès de richesses doit disparaître, sinon tout-à-fait, au moins en partie; et c'est là et là seulement qu'il faudrait arriver au Juste-Milieu.

Voilà, messieurs, des droits qui nous appartiennent; et quand ceux qui ont le privilège de nommer des représentants, nous les contestent, bien qu'ils nous les aient usurpés; et quand ils n'ont d'autres droits pour nous les refuser que le droit de possession injustement acquis, ils ressemblent au voleur qui m'ayant volé mon chapeau, et que je retrouverais au bout d'un an, me dirait: Ce chapeau m'appartient, non pas parce que je l'ai acheté, mais parce que je l'ai sur ma tête; et si tu veux le reprendre, j'emploierai la force pour le conserver. Peu satisfait d'un pareil raisonnement, moi aussi, Messieurs, j'emploierais la force pour ravoir mon chapeau; et si mon voleur succombait dans la lutte, il n'aurait à s'en prendre qu'à lui.

Voilà en quelques mots l'histoire de la classe privilégiée et de celle des prolétaires. On nous rendra de bonne volonté nos droits, imprescriptibles, ou, tôt ou tard, nous les prendrons par la force.

Voilà, messieurs, sans déguisement, sans détour, tout le fond de notre pensée; il n'y a là, comme vous le voyez, ni sang, ni potence, ni proscriptions, ni même désir de piller (reproche qu'on ne cesse de nous adresser). Heureusement que la révolution de juillet, et même les événements de juin sont là pour donner un démenti formel à nos accusateurs, qui ne craignent pas eux de piller le trésor en acquit de leur conscience dont ils font un si honteux trafic.

Comme j'ai déjà eu l'occasion de le dire ailleurs, l'instinct de la conservation est toujours le premier sentiment de l'homme, et quand votre système de Juste-Milieu réduit la population ouvrière à la plus grande misère, elle se révolte pour avoir du pain, ou recevoir la mort; mais elle n'attente pas pour cela à la propriété d'autrui.

Au moment de mon arrestation, les gardes nationaux qui déposent aujourd'hui contre moi me traitaient de chouan, de carliste; cependant j'avais à ma boutonnière le même ruban qu'aujourd'hui; et en 1830, après m'être battu pendant trois jours, j'avais été conduire Charles X jusqu'à Rambouillet, comme j'irais à sa rencontre si je le voyais revenir avec son cortége obligé, c'est-à-dire l'Europe coalisée. Et si le malheur voulait que je tombasse vivant entre les mains des siens triomphant, je leur déclarerais, comme je le déclare ici, que je suis républicain, et cela pendant que ceux qui nous poursuivent iraient solliciter à genoux la faveur insigne de se parjurer peut-être une vingtième fois.

Bien qu'en prison depuis six mois, j'ai pourtant entendu parler de ce qui s'est passé dehors. J'ai su, par exemple, que le gouvernement avait récompensé, et récompensé très généreusement, ceux qui s'étaient battus pour le défendre, et bien que j'aie été arrêté en parlementaire, c'est-à-dire en violation du droit des gens, je n'en considère pas moins le fait de mon arrestation comme un des plus brillans faits d'armes des 5 et 6 juin; aussi suis-je étonné de ne pas voir briller la croix d'honneur sur la poitrine de mes témoins.

Au moment du jugement des ministres, les blessés de juillet apportèrent à la chambre des députés une pétition en leur faveur. N'imitez point ces hommes féroces; demandez nos têtes avec acharnement après nous avoir assommés à demi, venez nous disputer le peu de vie qui nous reste, le juste-milieu déclarera que vous avez bien mérité de la patrie.

M. le président allait de nouveau interrompre Prospert, lorsque l'accusé lui dit en souriant : C'est inutile, M. le président, j'ai fini.

Me Caron prend la parole et, dans une improvisation pleine de feu et de conviction, il explique la pensée de son client. Il démontre que Prospert, en sa qualité d'ouvrier, de prolétaire, s'était cru obligé de défendre ses camarades contre les calomnies injustes dont les feuilles ministérielles ne cessent de les gratifier; il cherche à adoucir la rudesse des impressions sorties d'une ame ardente qui dit fortement parce qu'elle sent fortement, et qui n'emploie pas de détours pour dire sa pensée; il compare Prospert au paysan du Danube, qui, loin d'être condamné par le Sénat de Rome pour avoir énergiquement accusé devant lui les préteurs dans la Germanie, fut élevé au patriciat. Il finit en combattant avec vigueur et d'une manière victorieuse toutes les charges produites par l'accusation.

Me Pelleport, dans un discours écrit, s'attache à démontrer l'inviolabilité du parlementaire; il cite un exemple nombreux, pris dans les tems reculés et récens, et prouve que dans les circonstances les plus critiques, pendant les révolutions et les guerres civiles, ce caractère honorable a toujours été respecté; il s'élève avec force contre ceux qui, dans un siècle de civilisation, sont assez dépourvus d'honneur pour les méconnaître et finit, en combattant pied à pied, les charges reprochées à son client.

Après les plaidoiries des avocats, M. le président demande aux accusés s'ils ont à ajouter à leur défense.

Prospert. Oui, M. le président, je déclare que le discours que je viens de prononcer est l'ouvrage de moi seul.

Avant mon arrestation je ne connaissais ni Schaef, ni Laporte; si l'exposé de mes principes doit me nuire, il n'en doit rien rejaillir sur mes coaccusés: mais j'aime à croire que messieurs les jurés ont laissé leurs opinions à la porte, et qu'ils ne jugeront que les faits.

M. le président résume les débats, il veut bien déclarer que les opinions sont libres, et qu'il est permis à Prospert d'être républicain, que toutes les opinions consciencieuses sont respectables.

Au moment où M. le président allait poser les questions, M. l'avocat-général se lève brusquement et dit :

Je viens de voir l'accusé Prospert faire passer une lettre dans l'auditoire, je requiers que ce papier soit intercepté.

Me Caron, vivement. Je conçois que pendant le cours des débats un accusé ne puisse correspondre avec les personnes de l'audience, parce qu'on pourrait craindre qu'il n'influençât des dépositions à faire, mais je ne pense pas qu'alors que la clôture des débats a été prononcée par M. le président, on puisse l'empêcher de s'entretenir de vive voix ou par écrit avec qui bon lui semble. Je sais bien une disposition de la loi qui défend à MM. les jurés de communiquer avec qui que ce soit jusqu'après l'arrêt prononcé, mais je n'en connais pas qui interdise cette faculté aux accusés. Si je suis dans l'erreur à cet égard, je prierai M. l'avocat-général de m'en tirer en citant le texte sur lequel il fonde son insolite réquisitoire.

M. l'avocat-général se tait. Pendant ce débat le billet, saisi par un huissier, est remis à Prospert, qui le donne à son avocat en lui disant : « Vous pouvez lire. »

Me Caron après l'avoir parcouru : Ce papier est bien innocent. (Avec ironie.) Si M. l'avocat-général tenait absolument à en connaître le contenu je pourrais.

L'avocat-général hésitant. Oh! je n'y tiens pas...

Me Caron. Eh bien ! nous, nous tenons à ce qu'il soit publié, aussi bien cela évitera-t-il la peine de le faire parvenir à sa destination; je lis : « *Je prie madame André de vouloir bien emmener ma femme quelques instants avant le prononcé de l'arrêt. Signé Prospert.*

Voilà , Messieurs , cet écrit soupçonné d'être je ne sais quoi... un plan de conspiration peut-être... MM. les jurés, laissez m'en concevoir la douce espérance, vos réponses seront telles que la femme de Prospert peut demeurer dans cette enceinte sans danger.

Messieurs les jurés se retirent pour délibérer, au bout de 20 minutes il rentrent, et déclarent Prospert et Laporte coupables d'attentat avec des circonstances atténuantes.

Les questions relatives à Schaef sont résolues négativement.

Me Caron , d'une voix émue. J'éprouverais des regrets bien amers si je pensais avoir oublié quelque chose en faveur de Prospert; le jury l'a déclaré coupable, mais il reste à la cour une grande latitude, je la prie d'en user pour lui appliquer la peine la moins forte.

La cour délibère.

Elle condamne Prospert à dix ans de détention et Laporte à 5 ans de la même peine. Schaef est acquitté.

Prospert avec calme. Allons! Encore une fois *Vive la république !* (En se tournant vers l'auditoire) Adieu , mes amis , *Vive la république !* Une dame de sa connaissance se trouvant près de la porte , Prospert l'embrasse avant de sortir.

L'assemblée s'écoule dans un morne silence; on entend murmurer de toutes parts : Quelle sévérité ! d'autres personnes s'expriment plus énergiquement......

Imprimerie de AUGUSTE MIE , rue Joquelet, n. 9, place de la Bourse.